LIVRES A FIGURES

MANUSCRIT SUR VÉLIN AVEC MINIATURES

DE

L'ÉCOLE DU GIOTTO

NOTICE

DE

QUELQUES BEAUX LIVRES

A FIGURES

ET D'UN

MANUSCRIT DU COMMENCEMENT DU XIVᵉ SIÈCLE

AVEC

DE GRANDES MINIATURES DE L'ÉCOLE DU GIOTTO

DONT LA VENTE SE FERA

Le Vendredi 17 novembre 1871, à deux heures de l'après-midi

Hôtel des Commissaires-Priseurs, rue Drouot

SALLE N° 4

Par le ministère de Mᵉ DELBERGUE-CORMONT, commissaire-priseur
Rue de Provence, 8

Natalis in Evangelia. 1594. Avec 153 fig. de Wierix, in-fol. — *Imitation Curmer*, 2 vol. in-4. — *Horatius*. Pine. 2 vol. in-8, mar. 1ʳᵉ éd. — *Androuet du Cerceau*, 3 vol. in-fol. — *Meissonnier*. Son œuvre. 1724, gr. in-fol. — *Rigaud.* Vues de France, gr. in-fol. Deux recueils en anciennes épreuves. — *Sacre de Louis XV* relié en mar. par Padeloup, gr. in-fol. — *Moreau*. Société française. 1789, gr. in-fol. — *Claude Lorrain.* 300 planches, anc. épreuves, 3 vol. In-fol. — *Galerie Lebrun.* 3 tom. 2 vol. gr. in-fol. — *Galerie de Turin.* 3 vol. in-fol. — *Galerie de Florence.* 4 vol. in-fol., etc.

PARIS

LIBRAIRIE TROSS

5, RUE NEUVE-DES-PETITS-CHAMPS, 5

—

1871

CONDITIONS DE LA VENTE

Les livres vendus devront être collationnés sur place dans les vingt-quatre heures de l'adjudication. Passé ce délai, ou une fois sortis de la salle de vente, ils ne seront repris pour aucune cause.

Les acquéreurs payeront 5 p. °/₀ en sus des enchères, applicables aux frais.

Exposition particulière le 16 novembre de 2 à 4 heures.

Le Catalogue servira de carte d'entrée.

Exposition générale le jour de la vente de UNE *à* DEUX *heures.*

Paris. — Imprimerie Adolphe Lainé, rue des Saints-Pères, 19.

LIVRES A FIGURES

GRANDES MINIATURES DE L'ÉCOLE DU GIOTTO

1. **Histoires du Vieux et du Nouveau Testament,** représentées avec des figures et par des explications tirées des SS. PP. *Paris, P. le Petit,* 1671, in-4, veau f. tr. dor.

   Seconde édition de l'ouvrage dit « *Bible de Royaumont.* »

2. **Adnotationes et meditationes in Evangelia, per Hieron. Natalis.** *Antverpiæ, Nutius,* 1594-1595, 2 vol. en 1, in-fol. mar. brun, à comp. tr. dor. (*Petit.*)

   Exemplaire magnifique avec les deux titres. Les épreuves des 153 planches représentent la vie de Jésus-Christ, *gravées en taille-douce par les Wierix,* sont superbes.

3. **Le Nouveau Testament en latin et français,** traduit par M. de Sacy. Edition ornée de figures gravées sur les dessins de Moreau le jeune. *Paris, Didot jeune,* 1793, 5 vol. in-4, mar. viol. doubl. de tabis, fil. tr. dor.

   Exemplaire en grand papier vélin.

4. **De l'Imitation de Jésus-Christ,** mise en français par M. G. A. (M. de Marillac), revue par M. l'abbé Delaunay. *Paris, Curmer,* 1858, 2 vol. très-grand in-8, fig. et bordures en or et couleurs et gravures en bois. Le premier vol. rel. en cuir de Russie à comp., le second vol. d.-rel. cuir de Russie, tr. rouge parsemée d'étoiles d'or.

   Épuisé et devenu rare.

5. Heures d'Estienne Chevalier, par Jean Fouquet,
Texte restitué par M. l'abbé Delaunay. *Paris, Curmer*, 1866, 2 vol. in-4, fig. et bordures en or et
couleurs, mar. la Vall. large dent. tr. dor. (*Petit.*)

> Bel exemplaire.

6. Figures de la Passion de Notre-Seigneur Jésus-
Christ, accompagnées de réflexions propres à
donner l'intelligence de ce mistère. *Paris, Che-
reau, s. d. (vers* 1650), in-8, fig. de Séb. le Clerc,
mar. noir, tr. dor. (*Anc. rel.*)

> Volume entièrement gravé. Bel exemplaire.

7. Horatii Opera. *Londini, æneis tabulis incidit
Joh. Pine. Londini*, 1737, 2 vol. gr. in-8, fig. et
vign. mar. rouge, fil. tr. dor. (*Hardy.*)

> Bel exemplaire du premier tirage.

8. Le Théâtre de P. Corneille, avec les commen-
taires (par M. de Voltaire). *S. l.*, 1764, 12 vol.
in-8, fig. de Moreau et autres, veau fauve, fil.
(*Anc. rel.*)

9. OEuvres de Nicolas Boileau-Despréaux, avec des
éclaircissemens historiques donnez par lui-même.
Nouvelle édition, augmentée, enrichie de figures
gravées par Bernard Picard. *Amsterdam, Chan-
guion*, 1729, 2 vol. in-fol. front. grav. et portr.
de Charlotte, reine de la Grande-Bretagne, mar.
r. fil. tr. dor. (*Anc. rel.*)

10. Fables choisies, mises pour la première fois en
vers par J. de la Fontaine. *Leyden, Luzac et Van
Damme*, 1770-1786, 6 vol. in-8, fig. de Punt et
Vinkeles, cart. non rogné.

> Réduction, bien exécutée, des figures d'Oudry.

11. Voltaire. La Henriade. *Londres*, 1728, gr. in-4,
fig. veau gr. fil. tr. dor.

> Première édition publiée par Voltaire lui-même; elle est bien imprimée
> et ornée de charmantes gravures et vignettes de Cochin, Surugue, Tardieu
> et autres.

12. La Henriade (par Voltaire). Nouvelle édition. *Paris, Nyon,* 1760, 2 vol. in-8, fig. et vign. d'Eisen, v. f. fil. tr. dor. (*Anc. rel.*)

13. OEuvres mêlées en prose et en vers, par M. D*** (Dorat), cy-devant mousquetaire (lettres en vers, etc.). *Paris, Jorry,* 1767, 2 vol. in-8, fig. et vign. d'Eisen, veau éc. fil. tr. dor.

14. Roland furieux, poëme héroïque de l'Arioste, traduction nouvelle par M. d'Ussieux. *Paris, Brunet,* 1775-1783, 4 vol. in-4, double suite de figures par Bartolozzi, Eisen et Cochin, veau éc. fil. tr. dor.

Exemplaire en grand papier. Belles épreuves.

15. La Gerusalemme di Torquarto Tasso, figurata da Bernardo Castello. A Emmanuele duca di Savoia. *Genova, Gius. Pavoni,* 1617, pet. in-fol. 2 front. grav. fig. en taille-douce, mar. rouge, fil. tr. dor. (*Anc. rel. aux armes de Choiseul.*)

16. Le Ménagier de Paris, traité de morale et d'économie domestique, composé vers 1373, par un bourgeois parisien..., publié pour la première fois par la Société des bibliophiles françois. *Paris, de l'imprimerie de Crapelet,* 1846, 2 vol. in-8, d.-rel. dos et coins de mar. la Vall. non rogn. tête dor. (*Closs.*)

Épuisé et devenu rare.

17. Mémoires de Condé, servant d'éclaircissement et de preuves de l'histoire de De Thou, enrichis d'un grand nombre de pièces (par Secousse), augmentés d'un supplément (par Lenglet du Fresnoy). *Paris,* 1743-45, 6 vol. in-4, portraits, veau f.

Exemplaire de la bibliothèque de Neuilly, aux armes du baron d'Heiss.

18. Opere di Giorgio Vasari, pittore ed architetto Aretino. *Firenze, Audin,* 1822 *et ann. suiv.,* 6 vol. gr. in-8, portraits, br.

Exemplaire en grand papier vélin.

19. Del Cenacvlo di Leonardo da Vinci libro quattro di Giuseppe Bossi, pittore. *Milano, dalla stamperia reale*, 1810, in-fol. demi-rel. n. rogné.

20. Livre d'architecture de Jacques Androuet du Cerceau, des plus excellens bastimens de France; ensemble les éléuations et singularitez d'un chacun. *Paris, chez Pierre Mariette*, 1648, 2 vol. gr. in-fol. vél. (*Aux armes.*)

Édition très-rare. Mariette avait fait retoucher les planches, et les épreuves sont en général assez belles, quoique en partie faibles.

21. Livre d'architecture de Jaques Adrouet (*sic*) Du Cerceau, contenant les plans et desseigns de cinquante bastimens tous differens. Plus breve declaration de la manière de toiser la maçonnerie, etc. *Paris, Berjeon*, 1611, gr. in-fol. 69 planches, vél. non rogné.

22. Scenographiæ, sive perspectivæ (ut ædificia, hoc modo ad opticam excitata, pictorum vulgus vocat) pulcherrimæ viginti select. fabricarum a pictore Jo. Vredemanno Frisio designatæ. *Imprimé en Anvers, en la maison de Hieronymus Cock*, 1560, titre, front. grav. et 20 planches, in-fol. obl. cart.

23. Serrurerie, ou les Ouvrages en fer forgé du moyen âge et de la renaissance, par I.-H. Hefner Alteneck. 84 planches gravées en taille-douce. Avec une introduction et un texte explicatif trad. par M. Daniel Ramée. *Paris*, 1870, in-fol. d.-rel. mar. rouge, non rogn. tête dor. (*Petit.*)

Exemplaire en grand papier vélin.

24. Architectura civilis. Fürstlicher Baumeister (l'Architecte des princes, seconde partie), par Paul Decker. *Augsburg, Wolff*, 1716, gr. in-fol. obl. titre, 32 et 40 planches, cart.

Riches décorations d'intérieurs, palais, jardins, etc., dans le genre de Le Pautre.

25. OEuvre de Iuste-aurel Meissonnier, exécutée sous la conduite de l'auteur (par différents artistes).

Paris, Hucquier, 1724 et années suiv., gr. in-fol.
titre, portrait, et 68 planches, d.-rel. mar. rouge.

Argenterie, meubles, ornements. Très-rare et recherché.

26. *Numismata* virorum illustrium ex Barbadica
gente (auct. cardin. J.-Fr. Barbadico). *Patavii,
ex typogr. Seminarii*, 1732-1760, gr. in-folio,
fig. d.-rel.

Exemplaire avec le supplément (très-rare) de ce magnifique ouvrage.
BRUNET, *Manuel*, vol. IV, pages 138 et 139.

27. La Philosophie des images énigmatiques, où il
est traité des énigmes, oracles, prophéties, loteries,
songes, etc., par le P. Cl.-Fr. Menestrier. *Lyon,
J. Lions*, 1694, in-12, fig. veau.

28. Recueil des plus belles vues des palais, châ-
teaux, maisons de plaisance de Paris et de ses environs, par J. Rigaud. *Paris, s. d.*, gr. in-fol. cart.
non rogné.

Ancien tirage avec le cartouche du titre *avant le texte*. **129** planches.

29. Recueil des plus belles vues des palais, etc., de
Paris et de ses environs, par J. Rigaud. *Paris, s. d.*,
gr. in-fol. obl. cart. non rogné.

Exemplaire avec 114 planches, *également d'ancien tirage* et dont
presques toutes sont *avant les numéros*. Les jolies *figures de costumes* de
l'époque Louis XV font rechercher ce recueil, dont l'édition de 1752 et
même le tirage plus moderne sont devenus fort rares.

30. Le Cérémonial françois, recueilly par Théodore
Godefroy, et mis en lumière par Denys Godefroy.
Paris, Séb. Cramoisy, 1649, 2 vol. gr. in-fol. mar.
rouge, fil. tr. dor.

Exemplaire en très-grand papier.

31. LE SACRE DE LOUIS XV, roy de France et de
Navarre, dans l'église de Reims, le dimanche
xxv octobre 1722 (rédigé par Dauchet). *Paris,
s. d.*, très-gr. in-fol. mar. bleu. comp. tr. dor.
(*Aux armes de France.*)

Volume recherché à cause des belles planches dont il est orné. Signa-
ture de Louis XV ajoutée. Bel exemplaire dans une riche et fraîche reliure,
signée **PASDELOUP**.

32. Raccolta di stampe che rappresentano figure ed abiti di varie nazioni secondo gli originali, per Theod. Viero. *Venetiis*, 1783-1790, 3 vol. en 1, in-fol. carré, 360 planches grav. en taille-douce, maroq. rouge à comp. tr. dor. (*Petit.*)

Très-bel exemplaire d'une remarquable collection de costumes.

33. Monument du costume physique et moral de la fin du xviiie siècle, ou tableaux de la vie représentés en figures, par Moreau le Jeune (avec un texte par Rétif de la Bretonne). *Neuwied*, 1789, gr. in-fol. cart.

Rare. Belles épreuves dont quelques-unes avant les souscriptions.

34. Tableaux historiques de la Révolution française, ouvrage orné de gravures en taille-douce (avec un texte en hollandais). *Amsterdam*, 1794-1807, 25 vol. in-8, cart. non rogn.

L'ouvrage contient les célèbres gravures de Vinkeles, Vrydag et Claessens, scènes et portraits, *plusieurs centaines de planches en superbes épreuves.*

35. Museum Soyterianum. Objets d'art, armures, armes, etc., du moyen âge et de la renaissance, 298 objets tirés de la collection de M. Soyter, faisant partie du musée de la ville d'Augsbourg, 50 photographies (avec une explication en allemand). *Augsburg*, 1871, gr. in-fol. d.-rel. plats de toile, tr. dor.

Tiré à 50 exemplaires. Le plus bel ouvrage qui existe dans ce genre.

36. A History of the art of printing, from the invention to its wide spreat development in the middle of the XVIth century, preceded by a short account of the origin of the alphabet, by Noël Humphrey. *London*, 1867, in-fol. nombr. fig. et fac-sim. rel. en toile, à comp. noir et or.

Beau livre rempli de planches, en partie en or et couleurs.

37. École de dessin. Abr. Bloemaert inv., Fr. Bloemart fils sculp. *Amsterdam, Nic. Visscher (vers*

1640), in-fol. obl. titre imprimé en clair obscur,
160 planches, vél. cordé.

Bel exemplaire. Première et très-rare édition.

38. Le Grand Livre des peintres, ou l'Art de la pein-
ture, par Gérard de Lairesse, avec xxxv planches
en taille-douce. *Paris, à l'hôtel de Thou*, 1787,
2 vol. in-4, v. fil.

39. Le Opere del pittore e plasticatore Gaudenzio
Ferrari, disegnate ed incise da Silvestro Pinazzi,
dirette e descritte da Gaudenzio Bordiga. *Milano,
Molina*, 1835, in-fol. fig. d.-rel. mar. la Vall.
non rogn. tête dor.

40. Opere scelte di Antonio Canova, incise da Ré-
veil, e dilucidate da Domenico Anzelmi. *Napoli*,
1842, in-fol. avec 80 planches, d.-rel. mar. rouge,
non rogn. tête dor.

41. LIBER VERITATIS, or a collection of prints,
after te original desings of CLAUDE LE LOR-
RAIN. I, II, *London, Boydell and C°, sans date.*
III, *Hurst, Robinson and C°*, 1819, 3 vol. gr. in-fol.
300 planches et 3 portraits, cart. non rogné.

Très-belles épreuves.

42. Galerie des peintres flamands, hollandais et
allemands, 201 planches d'après les meilleurs tableaux de ces maîtres, publ. par J.-B.-P. Le Brun.
Paris, 1792, 3 tomes en 2 vol. gr. in-fol. d.-rel.
dos et coins de mar. la Vall. tr. rouge. (*Closs.*)

43. Galerie de peintres, ou collection de portraits
des peintres célèbres de toutes les écoles, par
MM. Chabert et Franquinet. *Paris*, 1822-1834,
3 vol. gr. in-fol. avec 141 portraits et 131 copies
de tableaux, d.-rel. mar. bleu.

44. Recueil de gravures ayant rapport à l'histoire
des arts, principalement appliquée aux livres, pen-
dant le moyen âge. 125 planches lithographiées

par J.-A. Ramboux. *Cologne*, 1860, gr. in-fol. dans
un carton de toile.

Exemplaire *en grand papier vélin*. Cette collection, tirée à petit nombre
aux frais de l'auteur, n'a pas été mise dans le commerce. Reproduction de
miniatures et reliures byzantines, *fac-simile*, portraits de Dante, et tableaux
et sculptures de son époque ayant rapport à lui. Tableaux du Giotto au
palais d'Avignon, etc.

45. Pinacoteca del palazzo reale delle scienze e delle
arti di Milano, pubblicata da Michele Bisi, incisore,
col testo di Robustiano Gironi. *Milano, stamp.
reale*, 1812 et ann. seg. 3 vol. in-fol. 247 planches
gr. en taille-douce, d.-rel. non rogné.

Exemplaire avec la dédicace à Eugène Beauharnais.

46. Pinacoteca di Brera. Palazzo delle scienze e delle
arti in Milano. Col testo di Robustiano Gironi.
Milano, 1853, 3 vol. in-fol. d.-rel. mar. la Vall.
non rogné, tête dor. (*Petit.*).

Même ouvrage et même tirage que l'ouvrage précédent dont on a seule-
ment changé les titres.

47. Pinacoteca dell' Academia veneta delle belle
arti, illustrata da Fr. Zanotto. *Venetia*, 1835 et
ann. suiv., 3 tom. en 2 vol. gr. in-fol. fig. grav. en
taille-douce, demi-rel. mar. brun, non rogn. tête
dor. (*Petit.*)

48. La Reale Galleria di Torino illustrata da Roberto
Azeglio. *Torino*, 1836 et ann. seg. 4 vol. gr. in-fol.
fig. grav. en taille-douce, d.-rel. mar. rouge, n.
rogn. tête dor. (*Petit.*)

Très-bel exemplaire avec premières épreuves.

49. Fiori di pittura Bolognese, ossia scelta di sessanta
sei tavole rappresentanti i più classici quadri della
pinacoteca academica di belli arti in Bologna,
incisa per Fr. Rosaspina. *Napoli*, 1845, gr. in-fol.
66 planches grav. en taille douce, avec texte en
français et italien, mar. bleu à comp.

Belle galerie.

50. Imperiale e reale Galleria di Firenze, pubblicata
con incisione in rame da una Società, ed illustrata

da F. Ranalli. *Firenze,* 1840 *et ann. suiv.,* 4 vol. gr. in-fol. d.-rel. mar. la Vall. non rogn. tête dor. (*Petit.*)

Exemplaire de souscription publié au prix de 2,250 fr.

51. GRATIANI DECRETALIUM PARS, cum glossa ordinaria Bartholomæi Brixiensis, gr. in-fol. 173 ff. rel. en peau de truie.

Manuscrit sur vélin, d'origine italienne, écrit vers 1300 en beaux caractères gothiques, la glose entourant le texte.

Ce volume précieux et extraordinaire est orné de *huit grandes et magnifiques miniatures de l'école du GIOTTO,* dont une à six et cinq à quatre compartiments, ce qui *porte le nombre réel des miniatures à vingt-huit.* Deux de ces exquises peintures représentent le péché charnel avec beaucoup de grâce et de naïveté; représentation extrêmement rare à cette époque et peut-être unique dans un manuscrit à l'usage du clergé.

Les miniatures sont d'une exécution des plus remarquables, les couleurs brillantes et les personnages en costume du XIIIe siècle. C'EST UN DES PLUS BEAUX SPÉCIMENS DE L'ART ITALIEN DE CETTE ÉPOQUE QUE L'ON PUISSE VOIR.

Le volume est d'une conservation parfaite.

52. Les Émaux de Petitot du Musée du Louvre. Portraits de personnages historiques et de femmes célèbres du siècle de Louis XIV, gravés au burin par M. Ceroni, accompagnés d'études historiques et biographiques. *Paris, Blaisot,* 1861 et ann. suiv., 2 vol. in-4, pap. vélin, br.

Exemplaire *sur chine avant la lettre.*

53. ARCHITECTURE FRANÇOISE, plans, coupes et profils des maisons royales et édifices, etc., par Blondel. *Paris,* 1727, 2 vol. in-folio, avec 492 planches, v.

Belle collection, rare en anciennes épreuves.

FIN.

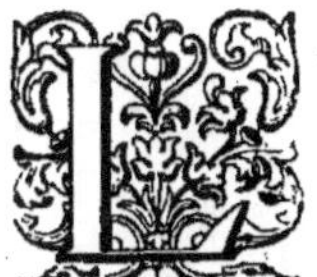

ABÉ. Œvvres de Lovize Labe. Nouvelle édition, publiée par Edwin Tross, et imprimée en caractères dits de ‘civilité (*par MM. Jean Enschedé et fils, à Harlem*). *Paris,* 1871, in-8, br.

Prix sur papier vergé. . . . . 15 fr.
   »   papier vélin Whatman. . . . 20 »
   »   PEAU DE VÉLIN . . . . 240 »

Magnifique volume tiré à 150 exemplaires. Les caractères qui ont serv à l'impression de ce chef-d'œuvre ont été gravés vers 1545 par Amet Tavernier de Bailleul.

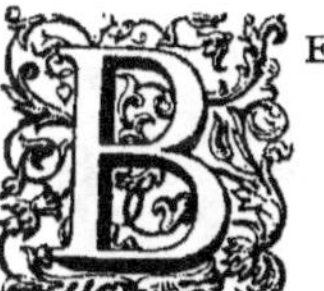

ERNARD. Geofroy Tory, peintre graveur, premier imprimeur royal, réformateur de l'orthographe et de l'imprimerie, sous François Ier, par Auguste Bernard. Deuxième édition, entièrement refondue, VIII et 412 pages. *Paris,* 1865, in-8, br.

Prix sur papier vélin. . . . . 12 fr.
   »   grand papier de Hollande,
        gr. in-8. . . . . 24 »

Cette nouvelle édition, *qui forme pour ainsi dire un nouvel ouvrage,* contient le double de texte de la première. Elle est ornée de nombreuses gravures en bois.

ERAUGIS DE PORTLESGUEZ. Roman de la Table ronde, par Raoul de Houdenc. Publié par H. Michelant d'après les manuscrits de Vienne et de Turin. Avec illustrations représentant les miniatures du manuscrit de Vienne. *Paris,* 1869, 1 fort vol. gr. in-8, avec 19 gravures en bois, chaque page entourée d'un filet rouge, broch.

Prix sur papier de Hollande. . . . . 25 fr.
   »   papier vélin Watman (format
        jésus). . . . . 40 »
   »   PEAU DE VÉLIN . . . . 450 »

Fort beau volume imprimé par Jouaust. Les gravures ont été exécutées par M. Léon de Mau avec une rare perfection.